Andreas Sattler

Kauf und Verkauf eines Unternehmens

Andreas Sattler

Kauf und Verkauf eines Unternehmens

Projektleitung: Franziska Kelting-Büttner,
                 Abteilung: Unternehmensführung und -organisation
                 RKW, Eschborn

© 2001 Alle Rechte vorbehalten
2., überarbeitete Auflage

RKW - Verlag

Düsseldorfer Straße 40
65760 Eschborn

RKW-Nr. 1340
ISBN 3-89644-087-X

Layout und Druck: RKW, Eschborn

Inhaltsverzeichnis

		Seite
1	**Einführung**	7
2	**Fragen, mit denen Sie sich als Veräußerer, Abgebender oder Nachfolgeregelnder beschäftigen**	9
2.1	Wieviel ist mein Unternehmen/meine Beteiligung wert?	9
2.2	Wann ist der richtige Verkaufszeitpunkt?	14
2.3	Wer ist der „richtige" Käufer?	16
2.4	Wie finde ich den „richtigen" Käufer?	19
2.5	Wie lange dauert es, bis ein Verkauf abgeschlossen sein kann?	20
2.6	Wie läuft ein Verkauf ab?	22
2.7	Welche Berater benötige ich dazu und was kostet diese Begleitung?	23
2.8	Kann der mögliche Käufer den Kaufpreis für mein Unternehmen/meine Beteiligung überhaupt finanzieren?	25
2.9	Wie wird mit welchen Kaufinteressenten verhandelt?	26
2.10	Wo liegen meine Risiken beim Verkauf?	28
2.11	Welche steuerlichen Punkte sind zu beachten?	29
2.12	Welche rechtlichen Punkte sind zu beachten?	30
2.13	Wie kann ich gewährleisten, daß mein Nachfolger mit meinem Unternehmen weiterhin Erfolg hat?	31
3	**Fragen, die Sie sich als Nachfolger, Unternehmenskäufer oder Management-Buy-In-Kandidat stellen**	33
3.1	Wie finde ich das richtige Objekt bzw. das richtige Unternehmen?	33
3.2	Welche persönlichen Voraussetzungen muß ich mitbringen?	35
3.3	Welche Berater benötige ich und was kostet das?	36
3.4	Ist die Übernahme risikoreich?	38
3.5	Was ist das Unternehmen / die Beteiligung wert?	39
3.6	Wie finanziere ich den Unternehmens- bzw. Beteiligungskauf?	40

3.7	Welche psychologischen Aspekte sind bei den Verhandlungen zu beachten?	41
3.8	Welche rechtlichen und steuerlichen Punkte muß ich beachten?	43
3.9	Wie stelle ich sicher, daß die Übernahme möglichst reibungslos klappt?	44

Literaturverzeichnis   **46**

Zum Autor   **47**

1   Einführung

Der Kauf und Verkauf von Unternehmen und Beteiligungen und die Regelung der Nachfolge sind wichtige und interessante Themen unserer Zeit.

Gelingt es, die Nachfolgefrage in einem mittelständischen Unternehmen erfolgreich zu regeln, so bleiben Arbeitsplätze erhalten, oder es kommen gar neue hinzu. Jede erfolgreiche Nachfolgeregelung ist ein Stück Standortsicherung regional oder in Bezug zum Standort Deutschland, je nach Größe und Bedeutung des Unternehmens.

Eine Umfrage von Creditreform ergab, daß in den nächsten zehn Jahren 675.000 Unternehmen mit ca. vier Millionen Arbeitnehmern den Generationswechsel vollziehen werden. Eine Studie des Instituts für Mittelstandsforschung, Bonn, kam zu dem Schluß, daß in den nächsten fünf Jahren ca. 370.000 Familienunternehmen in Deutschland in neue Hände übergehen. Die Studie weist auch aus, daß eine Vielzahl von Unternehmen nicht übergeben, sondern stillgelegt werden - aufgrund fehlender Nachfolger.

Die Praxis zeigt allerdings, daß es genügend Nachfolger und Kaufinteressenten gibt. Der Autor schätzt, daß die Anzahl der qualifizierten Nachfolger die Anzahl der für eine Nachfolgeregelung qualifizierten Unternehmen um ein Mehrfaches übertrifft. Die Schwierigkeit liegt eher darin, daß zum passenden Zeitpunkt nicht der passende Nachfolger vorhanden ist. Die Gründe sind mannigfaltig. Entweder Abgebender und Nachfolger haben sich ganz einfach nicht gefunden. Bis heute gibt es nicht „den" Markt, an dem sich beide notwendigerweise treffen (Näheres zu diesem Thema in Kapitel 2.4 und 3.1). Manche Nachfolgewilligen geben mangels entsprechender Möglichkeiten nach einigen Monaten oder Jahren auch frustriert die Suche auf, weil sie das Passende bisher nicht gefunden haben. Andererseits regeln viele Unternehmer ihre Nachfolge zu spät, viel zu spät oder überhaupt nicht. Ein Unternehmer, der nicht loslassen kann oder will und solange arbeitet, bis er dazu nicht mehr die erforderliche unternehmerische Kraft hat, erweist damit seinem Unternehmen keinen guten Dienst und schon gar nicht seinen Mitarbeitern oder der Volkswirtschaft.

Ziel der vorliegenden Broschüre ist es, die Fragen zu beantworten, die sich Veräußerern, Abgebenden oder Nachfolgeregelnden einerseits und Nachfolgern, Unternehmenskäufern oder Management-Buy-In- oder Management-Buy-Out-Kandidaten anderseits stellen. Dies geschieht in bewußt kurzer und knapper Form.

2 Fragen, mit denen Sie sich als Veräußerer, Abgebender oder Nachfolgeregelnder beschäftigen

Die nachfolgenden Kapitel sollen eine Antwort auf die Fragen geben, mit denen man es als Veräußerer, Nachfolgeregelnder oder Abgebender in der Regel zu tun hat. Da es bei dem Unternehmensverkauf zwei Seiten gibt, nämlich denjenigen der verkauft und denjenigen der kauft, ist es sinnvoll, sich auch mit den Fragen zu beschäftigen, die die andere Seite, in diesem Fall den Käufer, bewegen. Aus diesem Grund ist ein Durchlesen auch des Kapitels 3 sinnvoll, wenn man veräußern möchte.

2.1 Wieviel ist mein Unternehmen bzw. meine Beteiligung wert?

Der Fall:
Hugo Meier, Inhaber einer Stanzfabrik, ist 64 Jahre alt. Schon seit Jahren plant er, sein Unternehmen entweder zu verkaufen oder es an seinen Schwiegersohn weiterzugeben.

In den letzten Jahren hat er immer wieder gezögert, einen Berater oder Makler mit dem Verkauf seines Unternehmens zu beauftragen. Denn eigentlich fühlte er sich jung und frisch, und die Arbeit machte ihm noch immer Spaß. Außerdem zeichnete sich schon vor ein paar Jahren ab, daß der Freund einer seiner Töchter ein guter Nachfolger sein könnte.

Würde er ins Unterehmen kommen? Würde er wirklich das Zeug zum Unternehmer haben? Würde er das Unternehmen überhaupt führen können, nachdem er Kaufmann ist und nicht wie er, der Unternehmer selbst, Ingenieur?

Vor einem Jahr schließlich kam der Schwiegersohn ins Unternehmen, nachdem man einmal sonntags ganz offen über das Thema Nachfolge gesprochen hatte. Hugo Meier hatte seinem Schwiegersohn gesagt, daß er ihn für den richtigen Nachfolger halte. Sein Schwiegersohn und dessen Frau hatten sich sehr darüber gefreut und sagten zu.

Nach einigen Monaten machte Hugo Meier seinen Schwiegersohn zum Prokuristen. Die Zusammenarbeit klappte reibungslos - viel besser als erwartet. Hugo Meier überlegte sich, daß jetzt der ideale Zeitpunkt wäre, das Unternehmen an den Schwiegersohn zu übergeben.

Doch zu welchem Preis? Welchen Wert hat das Unternehmen und wie muß der Ausgleich innerhalb der Familie stattfinden, das heißt, wie müssen die Schwestern bedacht werden?

Nach einem Gespräch mit seinem Schwiegersohn entschließt sich dieser und Hugo Meier, zu einem Berater zu gehen und das Unternehmen bewerten zu lassen und den Berater um Vorschläge zur Lösung der Fragen der Ausgleichszahlung zu befragen.

Der Berater analysiert und bewertet das Unternehmen eingehend. Er kommt zum Ergebnis, daß das Unternehmen überhaupt keinen Ertragswert hat und damit der Schwiegersohn auch für das Unternehmen nichts bezahlen könne. Hugo Meier ist enttäuscht. 30 Jahre Arbeit und dafür kein Geld! Wovon soll er in den nächsten Jahren leben? Haben sich beide wirklich den richtigen Berater herausgesucht?

Als schließlich sein Schwiegersohn nach der Analyse des Beraters ebenfalls zum Schluß kommt, daß er zwar gerne das Unternehmen übernehmen würde, hierfür aber nichts bezahlen könne bzw. auch kein Wert in bezug auf einen Erbausgleich seiner Frau mit ihren Schwestern angesetzt werden könne, ist Hugo Meier depremiert.

Wie es sein kann, daß ein Unternehmen unter Einbeziehung einiger kalkulatorischen Kosten wie Abschreibung eines kalkulatorischen Unternemerlohns usw. tatsächlich Null DM Wert hat, lesen sie nachfolgend.

Ein Unternehmer, der sein Unternehmen veräußern oder seine Nachfolge regeln möchte, macht sich meist schon in einem frühen Stadium Gedanken, welchen Preis er für sein Unternehmen erzielen kann, bevor er überhaupt mit der Familie, Beratern oder anderen darüber gesprochen hat.

Reicht der erzielte Kaufpreis für mich und meine Familie nach dem Verkauf zum Leben? Reicht er ggf. in Verbindung mit einer Rente, Lebensversicherungen und anderen Einkünften, die ab einem bestimmten Datum einmalig oder laufend bezahlt werden?

Basierend auf diesen Überlegungen ergibt sich manchmal die Kaufpreisvorstellung. Mancher Unternehmer überlegt sich, was er benötigt, um ggf. seine Schulden zu bezahlen und von dem Verkaufspreis leben zu können. Diesen Betrag versucht er, in Beziehung zu einem Kaufpreis zu setzen.

Diese Überlegungen dürfen für einen eventuellen Käufer keine Bedeutung haben. Denn er überlegt sich, wieviel Geld er investieren oder fremdfinanzieren muß, um mit einer bestimmten Wahrscheinlichkeit einen bestimmten Ertrag in den nächsten Jahren zu erwirtschaften. So fragt er sich möglicherweise darüber hinaus, wieviel Jahre es dauert, bis sein bezahlter Kaufpreis durch Erträge aus dem Unternehmen wieder hereingewirtschaftet ist. Genau diese Überlegungen sind heute üblich bei der Bewertung von Unternehmen. Unternehmen werden, von Sonderfällen einmal abgesehen, in der Regel nach dem Ertragswertverfahren bewertet. Das Ertragswertverfahren ergibt sich aus der Formel:

$$\text{Ertragswert} = \frac{\text{Gewinn} \times 100}{\text{Kapitalisierungszinsfuß in \%}}$$

Stellt man die Formel um, so sieht man, daß die Formel nichts anderes ist als die Formel der ewigen Rente:

Ertragswert x Kapitalisierungszinsfuß in % = Gewinn x 100.

Diese umgestellte Formel zeigt, daß das Schema zur Berechnung des Ertragswertes immer von der Überlegung ausgeht, wieviel Geld man einsetzen muß, um bei einer bestimmten Verzinsung einen bestimmten Gewinn zu erzielen.

Je höher der Zinssatz, hier Kapitalisierungszinsfuß genannt, desto höher naturgemäß der Gewinn des Anlegers sprich Käufers und desto kürzer die Zeit der Amortisation des Kaufpreises für das Unternehmen aus den erzielten Gewinnen.

Dieser Kapitalisierungszinsfuß liegt derzeit bei kleinen und mittelständischen Unternehmen, je nach „Güte" dieses Unternehmens, zwischen ca. 12 und 35 %.

Diese Spanne ist erheblich, was nachfolgendes Beispiel verdeutlicht.

Beispiel I:

Der Kapitalisierungszinsfuß beträgt 15%. Der Gewinn bzw. nachhaltig zu erzielende Ertrag nach Gewerbesteuer und nach Körperschaftsteuer betrage 100.000 €. Wie hoch ist der Ertragswert?

$$\text{Ertragswert} = \frac{100.000 \text{ €} \times 100}{15 \text{ \%}} = \text{ca. } 667.000 \text{ €}$$

Der Kapitalisierungszinsfuß von 15% liegt derzeit an der Untergrenze des Marktüblichen und wird nur angesetzt bei guten Unternehmen, die keine wesentlichen unternehmerischen Risiken beinhalten, wahrscheinlich in den nächsten Jahren ähnliche oder steigende Gewinne abwerfen werden usw.

Beispiel II:

Analog zum Beispiel I betrage der Kapitalisierungszinsfuß nun 25%. Der Gewinn bzw. nachhaltige Ertrag betrage 100.000 € wie zuvor. Wie hoch ist der Ertragswert?

$$\text{Ertragswert} = \frac{100.000 \text{ €} \times 100}{25 \text{ \%}} = 400.000 \text{ €}$$

An den Beispielen wird deutlich, daß allein eine Variation des Kapitalisierungszinsfußes eine „Fast"-Verdoppelung" oder auch -Halbierung eines Kaufpreises bedeuten kann.

Der Kapitalisierungszinsfuß ist somit ein sehr wichtiger Faktor. Er wird abgeleitet aus dem für das zu bewertende Unternehmen festzulegenden spezifischen unternehmerischen Risikoprofil. Unternehmerische Risiken oder Chancen ergeben sich in der Regel insbesondere aus folgenden Kriterien:

- erfolgreiches oder erfolgloses Management

- Zukunftsmarkt gut oder schlecht

- Produktpalette zukunftsorientiert oder chancenlos

- Unabhängigkeit von Großkunden und ggf. Lieferanten vs. starke Abhängigkeit

- ausgewogene Altersstruktur der Mitarbeiter und insbesondere der Know-how-Träger

- Unternehmen vollkommen auf Unternehmer fixiert vs. Unternehmen unabhängig von der Unternehmerpersönlichkeit

Sind vorstehende Kriterien durchweg als unkritisch und unproblematisch zu bezeichnen, handelt es sich in der Regel um ein „gutes" Unternehmen, bei dem nach vorstehender Ertragswertformel eher mit 15 bis 20 als mit 25% abgezinst wird. Ist das Unternehmen z. B. mit 50% seines Umsatzes abhängig von einem Großkunden, der seinerseits jedoch kaum von seinem Lieferanten abhängig ist, so wird eher mit 30 bzw. 35% abgezinst, oder das Unternehmen ist überhaupt nicht verkäuflich, auch nicht zu Null €. Zudem gibt Unterschiede von Branche zu Branche. Der Gewinn bzw. nachhaltige Ertrag muß, damit man wirklich seriös mit der vorstehenden Ertragswertformel rechnen kann, ein nachhaltiger und um Sondereinflüsse „bereinigter" Ertrag sein.

„Nachhaltig" bedeutet in diesem Zusammenhang, daß der angenommene Gewinn wirklich nachhaltig, das heißt über eine Zeitdauer von mehreren Jahren hinweg in der Zukunft mindestens erzielt werden kann. Wer kann jedoch schon in die Zukunft sehen? Der in der Zukunft nachhaltig zu erzielende Gewinn muß, da niemand die Zukunft kennt, aus Planungsrechnungen oder Schätzungen gewonnen werden, die damit immer Wahrscheinlichkeitsrechnungen bleiben. Dementsprechend vorsichtig ist er anzusetzen.

„Bereinigt" heißt in vorstehendem Zusammenhang, daß Sondereinflüsse z.B. aufgrund eines Gesellschafterverhältnisses eliminiert werden müssen. Liegt z.B. das bisherige Geschäftsführergehalt des Seniors, der gleichzeitig die Mehrheit der Anteile seiner GmbH hält, deutlich über dem Durchschnitt vergleichbarer Geschäftsführergehälter, so ist kalkulatorisch das Geschäftsführergehalt zu kürzen und der Gewinn entsprechend zu erhöhen. Wurde in den letzten Jahren vor dem Verkauf nichts mehr investiert und liegt deshalb die Abschreibungsquote an der Betriebsleistung deutlich unter dem Branchenschnitt, so muß mit einer branchenüblichen Abschreibung kalkuliert werden, was den bereinigten Gewinn für die vorstehende Ertragswertformel schmälert. Zudem ist vielleicht ein Investitionsstau entstanden, den der Käufer auffangen muß, was zusätzliche Investitionen - über eine Investition in den Kaufpreis hinaus - erfordert.

So ermittelte Ertragswerte bzw. Kaufpreise für ein Unternehmen sind jedoch nur dann zu erzielen, wenn dazu auch die Vermögensstruktur paßt. Hat z.B. das wie vor bewertete Unternehmen eine deutlich unterdurchschnittliche Eigenkapitalquote und ist es nur deshalb lebensfähig, weil der oder die Gesellschafter in großem Umfang persönlich für die Verbindlichkeiten der GmbH haften, Gesellschafterdarlehen eingebracht haben etc., so sind ggf. Abschläge beim Kaufpreis bzw. Wert zu machen oder die Eigenkapitalquote vor dem Verkauf anzupassen.

Vorstehende Ausführungen mögen dazu dienen, einen ersten Eindruck über den Wert eines Unternehmens zu bekommen und insbesondere sich der Kriterien bewußt zu sein, die dazu führen, daß ein Unternehmen einen hohen Wert hat oder andererseits unverkäuflich ist. Ansonsten wird die Unternehmensbewertung in der Regel Fachleuten überlassen werden müssen. Dabei sollte darauf geachtet werden, daß ein Spezialist, der das Unternehmen bewertet, ausgewiesenermaßen Erfahrungen in diesem Bereich hat und sich auch laufend im Markt des Kaufs und Verkaufs von Unternehmen bewegt und damit sieht, ob Unternehmen, die er bewertet hat, auch zum entsprechenden Preis am Markt verkäuflich sind.

Das sogenannte „Stuttgarter Verfahren" hat für die Festlegung eines Verkaufspreises bzgl. des Verkaufs eines Unternehmens am Markt keine Bedeutung, da es bei normal oder gut verdienenden Unternehmen zu viel zu niedrigen Werten führt. Es hat jedoch eine große Bedeutung bei der Abfindung von Gesellschaftern, die zwangsweise z.B. wegen Ausschlusses aus der Gesellschaft oder z. B. aufgrund eines Erbfalles ausscheiden.

2.2 Wann ist der richtige Verkaufszeitpunkt?

Soll man sein Unternehmen mit 40, 50, 60 oder 70 Jahren verkaufen? Es kommt darauf an!

Die Entwicklung am Markt zeigt, daß es eine immer größer werdende Gruppe von Unternehmern gibt, die zu einem Zeitpunkt verkauft, bzgl. dessen man noch nicht von einem Verkauf aus Altersgründen sprechen kann. Erfahrungsgemäß sind das Unternehmer, die das Unternehmen evtl. selbst aufgebaut haben und es nun circa 15 Jahre führten. Bei manchen dieser Personen macht sich eine gewisse Unlust breit, und man kommt zum Schluß, im Leben auch noch etwas anderes tun zu wollen, als dieses eine Unternehmen zu führen.

Andere Unternehmer, in der Regel dann etwas älter als vorstehende Gruppe, möchte oder kann ganz aufhören zu arbeiten und hat auch nicht vor, noch etwas anderes unternehmerisch anzupacken, sondern verknüpft ein besseres und anderes Leben mit viel Freizeit und persönlichem Entscheidungsfreiraum außerhalb der Firma.

Wieder andere Unternehmer verkaufen aus Altersgründen entweder rechtzeitig, zu spät oder viel zu spät. Ein Unternehmer verkauft dann rechtzeitig aus Altersgründen, wenn er nach wie vor auf der Höhe seiner Kraft ist und das Unternehmen voll im Griff hat, es bisher also keine gravierenden Umsatz- und Ertragseinbrüche aus diesem Grund gibt und er so das Unternehmen in Hochform oder zumindest guter Form anbieten und auch in aller Regel gut verkaufen kann. Der Verkaufszeitpunkt in diesem Sinne mag beim einen Unternehmer im Alter von Mitte 50 erfolgen, beim anderen mit Mitte 60 oder in Einzelfällen auch älter. Dies wird der Unternehmer jedoch nur schaffen, wenn er sich rechtzeitig um den Verkauf bemüht hat (vgl. auch Kapitel 2.5).

Mancher Unternehmer verkauft leider in einem Alter oder gesundheitlichen Zustand, in dem er von einem potentiellen Käufer praktisch erpreßbar wird, weil er schnellstmöglich verkaufen muß. Dies hat zur Folge, daß ein Kaufpreis, den man vielleicht vor ein oder zwei Jahren noch hätte erzielen können, bei weitem nicht mehr erreicht werden kann und man sich auf Verkäufergewährleistungen einläßt, auf die man sich sonst nicht eingelassen hätte.

Viel zu spät verkauft ein Unternehmer dann, wenn er nicht mehr Herr seines Unternehmens ist, die Mitarbeiter sich mit Abwanderungsgedanken tragen oder zum Teil bereits gekündigt haben, weil sie nicht wissen, wie es weitergeht und es bereits deutliche Umsatz- und Ertragseinbrüche gibt, das Unternehmen nicht mehr entwickelt wird etc. Diese Unternehmer haben oft nicht mehr die Kraft, überhaupt jemanden mit der Veräußerung ihres Unternehmens zu beauftragen. Sie denken, es wird doch noch einmal besser oder es passiert noch irgendein Wunder. Diese Situation führt manchmal zur absoluten Unverkäuflichkeit eines Unternehmens mit der Folge einer stillen Liquidation oder gar eines Konkurses.

Fazit: Man sollte dann verkaufen, wenn es dem Unternehmen gut geht, die Zukunftsaussichten positiv sind, wenn man sich sagt, daß man das Unternehmen mit dieser Situation, wenn man 20 Jahre jünger wäre, selbst auch kaufen würde und wenn man nicht allzu viel verliert, sollte der Verkauf nicht in einem halben Jahr oder einem Jahr, sondern erst in zwei Jahren abgeschlossen sein.

Die Erfahrung zeigt, daß die meisten Unternehmer richtig oder aber zu spät verkauft haben, kaum jemand jedoch zu früh, von nicht planbaren Sondereinflüssen wie der Wiedervereinigung o.ä. einmal abgesehen.

2.3 Wer ist der „richtige" Käufer?

Für manchen Unternehmer ist klar, daß das Unternehmen innerhalb der Familie weitergeführt wird, und er hat den „passenden Sohn/Schwiegersohn" oder die „passende Tochter/Schwiegertochter". Man sollte sich allerdings davor hüten, Söhne oder Töchter dazu zu zwingen, in das Unternehmen einzutreten. Richtig ist es, falls möglich, den Sohn oder die Tochter Erfahrungen außerhalb des eigenen Unternehmens sammeln und dann frei entscheiden zu lassen, ob er oder sie kommen möchte. Es kann auch richtig sein, den Sohn oder die Tochter für eine begrenzte Zeit nach dem vorstehenden beruflichen Werdegang im Unternehmen arbeiten zu lassen und zu sehen, ob es paßt. Allerdings sollte man hier durchaus Fristen setzen, bis zu denen die Entscheidungen gefallen sein müssen.

Eine andere Alternative ist der sogenannte Management-Buy-Out (MBO). Bei einem MBO wird das Unternehmen von einem oder mehreren Mitarbeitern, die bereits im Unternehmen sind, übernommen. Meist handelt es sich hierbei um die Mitarbeiter „in der zweiten Reihe" wie z.B. die Prokuristen, den Betriebsleiter o.ä. Oft trauen die Unternehmer, die ausscheiden wollen, diesen, ihren langjährigen Mitarbeitern eine Übernahme und Führung ihres Betriebes nicht zu. Viele Fälle beweisen jedoch, daß es diese Menschen sehr wohl schaffen können, wenn sie nur die Möglichkeit dazu haben. Bei dieser Frage tut man gut, nicht allein zu entscheiden, sondern Vertrauensleute mit heranzuziehen, die den oder die Mitarbeiter ggf. nach Abgabe einer Vertraulichkeitserklärung ansprechen und ins Vertrauen ziehen. Diese Dritten können z.B. Berater des Unternehmens, ein eventueller Beirat oder andere sein. Oft wird ein MBO auch deshalb nicht weiterverfolgt, weil der Unternehmer diesem Personenkreis eine

Übernahme des Unternehmens nicht zutraut - aus rein finanziellen Gründen. Eine Vielzahl von Übernahmen beweist jedoch, daß bei Anwendung entsprechender Finanzierungsmodelle mit kleinen Summen großer Kapitalbedarf finanziert werden kann (vgl. auch Kapitel 2.8).

Der MBO kann möglicherweise mit einem Mitarbeiterbeteiligungsmodell verbunden werden, um entweder die Finanzierung auf eine breitere Basis zu stellen oder um die Übernahme abzusichern. Dabei muß man davon ausgehen können, daß ein Kapitalbeteiligungsmodell für die Mitarbeiter tatsächlich motivierend wirkt, was oft nicht gegeben ist. Eine zunehmende Rolle spielt hierbei die sogenannte „kleine AG". Das Aktiengesetz wurde 1994 in wesentlichen Punkten reformiert und sehr mittelstandsfreundlich. Nachfolgeregelungen durch MBO inklusive einer Mitarbeiterbeteiligung lassen sich mit dieser kleinen AG unter Umständen elegant lösen, ohne daß die Vielzahl der nun beteiligten Mitarbeiter der Geschäftsführung bzw. dem Vorstand in das operative Geschäft hineinreden könnte.

Manchmal kann es angebracht sein, als veräußerungsinteressierter Unternehmer doch nicht zu veräußern, sondern die Anteile dauerhaft oder auch nur für begrenzte Zeit zu behalten und einen Fremdgeschäftsführer einzustellen. Dieser Fremdgeschäftsführer muß mit großer Sorgfalt, in der Regel unter Hinzuziehung geeigneter Fachleute, gesucht und beurteilt werden. Um bezüglich seiner Qualifikation wirklich sicher sein zu können, sollte man eventuell solchen Personen den Vorzug geben, die nachweisen können, daß sie ein ähnliches Unternehmen, ggf. auch ein kleineres Unternehmen mit Erfolg geleitet haben. Allerdings muß dieses Fremdgeschäftsführermodell nicht für alle Fälle das richtige Modell sein. Werden die Anteile am Unternehmen irgendwann auf die nächste Generation vererbt, so haben die Erben in der Funktion als Gesellschafter einer GmbH nahezu unbegrenzte Weisungsbefugnisse diesem Fremdgeschäftsführer gegenüber und damit mannigfaltige Betätigungsmöglich-keiten. Steht zu befürchten, daß diese eventuell noch sehr jungen Junioren oder gar Vertreter der Junioren, sofern diese noch unmündig sind, einem qualifizierten Fremdgeschäftsführer über Gebühr hineinreden, so sollte man lieber eine andere Form der Nachfolgeregelung wählen.

Ein Management-Buy-In (MBI) bezeichnet die Möglichkeit, das Unternehmen an einen Geschäftsführer oder ein Team von Führungskräften, die bisher nicht im Unternehmen tätig waren, zu veräußern. Bringen diese allein die Finanzierung nicht auf, so kann mit öffentlichen Mitteln oder Beteiligungsgesellschaften, ggf. auch Privatinvestoren nachgeholfen werden (vgl. auch Kapitel 2.8 und 3.6). MBI-Kandidaten müssen mit gleicher Sorgfalt wie Fremdgeschäftsführer ausgewählt werden, wobei MBI-Kandidaten im Gegensatz zu den Fremdgeschäftsführern Eigenkapital mit einbringen müssen. Üblicherweise werden von Banken oder qualifizierten Investoren hier mindestens 100 bis 150 T€ erwartet, handelt es sich nicht um ein Kleinunternehmen oder einen Sanierungsfall. Dieser MBI kann ggf. einer vorherigen Fremdgeschäftsführung folgen. Manchmal wird vereinbart, daß der MBI-Kandidat zunächst einige Zeit z.B. ein Jahr als Fremdgeschäftsführer arbeitet und beide Seiten schauen, ob es „paßt". Ist dies der Fall, so kann eine schrittweise Beteiligung oder ein Kauf des gesamten Unternehmens zu einem bestimmten Zeitpunkt erfolgen.

In der Regel gilt der Grundsatz, daß direkte Wettbewerber einen höheren Preis für das zum Verkauf stehende Unternehmen bezahlen als andere. Dies mag manchmal so sein. Auf der anderen Seite sind die Risiken immens hoch, einem solchen Unternehmen das eigene Unternehmen anzubieten. Hält dieser Wettbewerber sich nicht an die unterschriebene Geheimhaltungsverpflichtung, so kann es durch Indiskretionen zu erheblicher Schädigung am Markt kommen mit entsprechenden negativen wirtschaftlichen Folgen. Obwohl man bei einem Verkauf an Wettbewerber immer versierte Vermittler einschalten wird, die die Identität des Objekts möglichst lange geheim halten, kann man sich vor diesen Folgen nie sicher sein. In besonderen Fällen wird man gänzlich von einem Angebot an die Wettbewerber absehen und das Unternehmen lieber anderen Käuferzielgruppen anbieten, obwohl man möglicherweise davon ausgeht, von diesen einen niedrigeren Kaufpreis zu erhalten.

Eine ähnlich gelagerte Strategie ist es, das Unternehmen solchen anzubieten, die zwar nicht direkte Wettbewerber sind, dennoch durch den Zukauf Synergieeffekte erzielen z.B. dadurch, daß sie die gleiche Kundenzielgruppe haben und dadurch ihren Markt vergrößern oder z.B. ihr Produktprogramm abrunden aber nicht im direkten Wettbewerb stehen. Diese sogenannten Synergiekäufer werden in der Regel einen höheren Preis bezahlen als z.B. ein MBO- oder MBI-Kandidat. Denn dieser muß allein aus den laufenden Erträgen den Kaufpreis amortisieren.

Je nach Größe und Struktur des Unternehmens kann ein Angebot an Finanzinvestoren, dies können Beteiligungsgesellschaften oder auch private Finanzinvestoren sein, erfolgen. Zumindest die Kapitalbeteiligungsgesellschaften betreiben jedoch das aktive Geschäft nie selbst, sondern benötigen ihrerseits wieder MBI-Kandidaten. Es gibt mehr und mehr Investorengruppen, die sich auf Branchen spezialisieren wie z.B. Industrieholdings, die z.B. nur im Baubereich oder im Maschinenbau Beteiligungen hinzukaufen, in diesem Bereich jedoch entsprechende Erfahrungen haben und sich Synergien durch Bilden von Branchenholdings erhoffen.

Diese vorstehenden Überlegungen entscheiden in der Praxis über Erfolg oder Mißerfolg eines Verkaufs oder einer Nachfolgeregelung. Wird, aus welchen Gründen auch immer, die falsche Zielgruppe angegangen, scheitert ein Verkauf möglicherweise gänzlich oder ein zu niedriger Kaufpreis wird erzielt. Es lohnt sich deshalb, diese Punkte genau zu überlegen und mit fachkundigen Personen durchzusprechen, bevor man auf den Markt geht.

2.4 Wie finde ich den „richtigen" Käufer?

In Kapitel 2.3 wurde beschrieben, wer als Käufer, Nachfolger oder Übernehmender in Frage kommt. Hat man nicht den passenden Sohn oder die passende Tochter oder auch den geeigneten Management-Buy-Out-Kandidaten, wird man nicht umhinkommen, an den Markt zu gehen und den „richtigen" Käufer zu suchen.

Management-Buy-In-Kandidaten kann man z.B. über die DIHT-Börse suchen. Die DIHT-Börse bzw. Existenzgründungsbörse ist über die örtliche IHK zu erreichen. Dies ist auch über das Internet, z.B. unter der Adresse http://www.stuttgart.ihk.de möglich. www.change-online.de bietet ein erweitertes Potenzial an.

Wird man hier nicht fündig, so kann man selbst in dieser Börse kostenlos ein Angebot veröffentlichen. Diese chiffrierten Angebote haben allerdings den Nachteil, daß man in der Regel direkt mit den MBI-Kandidaten kommunizieren muß. Dies bedeutet, daß man bereits beim Erstkontakt seine Identität preisgibt. Allerdings bestehen hier eventuell Gestaltungsmöglichkeiten, dies zu verhindern. Ferner enthalten die Chiffreanzeigen immer das Autokennzeichen der Stadt, zu dem das Unternehmen, was den IHK-Bezirk anbelangt. Dies deckt in manchen Fällen ebenfalls ungewollt die Identität auf.

Auch bieten einige Banken einen ähnlichen Service an und haben MBI-Kandidaten, die derzeit suchen, im Bestand. Über das Internet sind verschiedene, anonymisierte Angebots- und Gesuchdateien der Banken oder auch von Vermittlungsdiensten einsehbar. Nachfolgend ein Beispiel:
Die Cobis Gesellschaft für Unternehmensmarktdienste mbH bietet ihren Dienst unter: http://www.cobis.de an.

Allerdings gibt es eine andere, eventuell zusätzlich zu wählende Form der Suche von Käufern: Man definiert die potentielle Käuferzielgruppe wie z.B. Wettbewerber in einem bestimmten räumlichen Umfeld, einer bestimmten Umsatz- und Mitarbeitergröße oder andere Unternehmen mit Synergiemöglichkeiten. Diese sucht man sich mit Hilfe einer Datenbankrecherche, die von einem darauf spezialisierten Unternehmen durchgeführt wird, heraus und läßt sie durch einen professionellen Vermittler ansprechen, das sind z.B. Industriemakler oder auf Unternehmensverkauf spezialisierte Berater. Je nach Anzahl der identifizierten potentiellen Kaufinteressenten wird dieser Berater oder Vermittler diese entweder per Brief oder auch persönlich ansprechen und daraus einen Marktüberblick über zum Verkauf stehende Unternehmen einer bestimmten Branche in einem bestimmten Raum, sowohl regional als auch national oder international erstellen.

Finanzinvestoren, sowohl was Kapitalbeteiligungsgesellschaften, sogenannte „Venture Capitalists" als auch Industrieholdings anbelangt, können über entsprechende Verbände wie z.B. den Bundesverband Deutscher Kapitalbeteiligungsgesellschaften, Berlin, entsprechende Branchenbücher oder Branchen-CDs u.ä. herausgefunden werden.

2.5 Wie lange dauert es, bis ein Verkauf abgeschlossen sein kann?

Unternehmensübernahmen dauern erfahrungsgemäß von der Erstansprache eines Interessenten bis zum Abschluß des Kaufvertrages ca. ein Jahr. Selbst wenn man sich sehr schnell einig wird bzgl. Kaufpreis, Vertragsbedingungen usw., wird man gut drei bis vier Monate benötigen. Einfach erscheinende Verkäufe z.B. deshalb, weil das Unternehmen als leicht verkäuflich einzuschätzen ist, können sich statt des erwarteten halben Jahres manchmal zwei Jahre hinziehen. Dies kann dann der Fall sein, wenn ein Kaufinteressent, mit dem man sehr intensiv verhandelt hat und mit dem man fast handelseinig war, abspringt und man mangels eines zweiten Interessenten wieder von vorne beginnen muß. Auch gibt es in Unternehmenskaufkreisen wie bei Beteiligungsgesellschaften und anderen professionellen Investoren naturgemäß sehr erfahrene Taktierer, die dann, wenn sie herausfinden, daß sie die einzigen sind, einen Verkauf möglicherweise hinauszögern, um den Kaufpreis zu reduzieren oder zu sehen, ob das Unternehmen tatsächlich über längere Zeit entsprechend rentabel und „stabil" ist.

Bei der Planung der Nachfolgeregelung inklusive Einarbeitung eines neuen Geschäftsführers sollte man einen Zeithorizont von drei bis eher fünf Jahren in Betracht ziehen. Folgende Rechnung verdeutlicht dies - so vorgekommen in einer mittelständischen Druckerei in Baden-Württemberg:

1997: Senior entschließt sich, Unternehmen zu veräußern; dies soll geschehen durch Management-Buy-In nach einer Fremdgeschäftsführung auf Probe.

Ende 1997 wird ein Fremdgeschäftsführer/späterer MBI-Kandidat gesucht und gefunden.

1998: Fremdgeschäftsführer/MBI-Kandidat wird eingestellt.

1998: Nach anfänglich gutem Eindruck entpuppt sich Fremdgeschäftsführer/MBI-Kandidat nach Ablauf der Probezeit als nicht geeignet; es kommt zu Streitigkeiten.

1999: Man trennt sich im Streit, Senior muß, nachdem er im operativen Geschäft praktisch nicht mehr tätig war, zurück ins operative Geschäft.

Ende 1999: Ein neuer MBI-Kandidat/Geschäftsführer wird gesucht und gefunden.

2000: Einstellung des neuen Fremdgeschäftsführers/MBI-Kandidaten.

2001: Einarbeitung des MBI-Kandidaten durch den Senior (Einarbeitungszeit ca. ein Jahr).

Vorstehendes Beispiel zeigt, daß diese Nachfolgeregelung ca. fünf Jahre gedauert hat. Es wurden dabei einige Fehler gemacht. So wurde z.B. der erste Fremdgeschäftsführer/MBI-Kandidat nicht mit der erforderlichen Sorgfalt ausgesucht. Man mußte einen möglichst „preiswerten" Nachfolger suchen.

Fazit: Je nachdem, wie die Nachfolge geregelt werden soll, so z.B. durch Verkauf an einen Wettbewerber oder durch Management-Buy-Out oder Management-Buy-In o.ä., sollte man unter Vorsichtsgesichtspunkten einen Zeitraum von zwei bis fünf Jahren für die Regelung der Nachfolge bzw. den Verkauf einplanen.

2.6   Wie läuft ein Verkauf ab?

An erster Stelle steht zunächst die Entscheidung des Unternehmers, seine Nachfolge zu regeln bzw. grundsätzlich zu verkaufen. Über die Zeitdauer, die einzuplanen ist, wurden in Kapitel 2.5 einige Angaben gemacht.

Oft laufen die Überlegungen parallel, wer der geeignete Nachfolger sein könnte und was denn das eigene Unternehmen wert ist.

Der Autor hat als Berater mit folgender Vorgehensweise gute Erfahrungen gemacht:

a) Bewertung des Unternehmens - aber zu realistischen Ansätzen (vgl. Kapitel 2.1)

b) Diskussion und Festlegung einer Verkaufs- bzw. Nachfolgestrategie, insbesondere unter dem Gesichtspunkt, wer ist der richtige Käufer? (vgl. Kapitel 2.4) und sollen mehrere Käuferzielgruppen parallel angesprochen werden?

c) Anonymes Ansprechen der Kaufinteressenten durch geeignete Vermittler bzw. Berater unter Herausgabe einiger Informationen, die jedoch noch nicht die Identität des zum Verkauf stehenden Unternehmens preisgeben

d) Kaufinteressenten geben eine Vertraulichkeitserklärung ab

e) Kaufinteressenten werden mit ausführlicheren Informationen versorgt

f) Verhandlungen mit Klärung der wesentlichen Eckwerte wie wichtige Vertragsbedingungen, Kaufpreis, Zeitplan usw.

g) Eventueller Abschluß einer Absichtserklärung mit Regelung der Frage, welche Punkte noch offen sind, welche Informationen noch geliefert werden müssen, wer welche Kosten trägt usw., zum Teil auch „letter of intent" (LOI) genannt

h) Weiterführung der Verhandlungen

i) Kaufvertrag

j) Überleitung auf den neuen Käufer

Der vorgenannte Ablauf kann lediglich ein Beispiel dafür sein, wie der Verkauf bzw. die Nachfolgeregelung in vielen Fällen strukturiert werden kann. Manchmal ergeben sich jedoch auch andere Abläufe, so z. B. wenn ein Vorvertrag geschlossen wird u.a.

2.7 Welche Berater benötige ich dazu und was kostet diese Begleitung?

Die meisten Unternehmer sprechen zunächst die Berater wegen ihrer Nachfolgeregelung oder ihres geplanten Verkaufs an, mit denen sie sowieso schon lange zusammenarbeiten und zu denen sie deshalb Vertrauen haben. Das kann auch richtig sein. Dies können sein Steuerberater, der Hausanwalt, ein langjähriger Unternehmens- oder Personalberater oder auch ein vertrauter Firmenkundenberater der Hausbank.

Diese vorgenannten Berater sind jedoch nur dann für den Verkauf oder die Beratung der Nachfolgeregelung geeignet, wenn folgende Voraussetzungen vorliegen:

- Berater hat umfangreiche und nachweisbare Erfahrungen mit Unternehmensbewertung und Unternehmensverkauf

- Berater ist vollkommen unabhängig vom derzeitigen Dauerberatungsmandat

Gerade mit dem letzten Punkt gibt es oft Schwierigkeiten, denn ein Berater, der seinen Kunden dabei berät zu verkaufen, nimmt sich unter Umständen sein eigenes Mandat, was er vielleicht eher zu verhindern sucht, z.B. durch zu hohe Kaufpreisforderungen oder das Einbringen von Vertragsbedingungen, die kein Käufer wird akzeptieren können. Diese Fragen müssen somit sorgfältig überlegt werden, will man sich nicht schon aus diesem Grund die Chance auf einen guten Erfolg beim Unternehmensverkauf oder der Nachfolgeregelung nehmen.

Bei kleinen Übernahmen und Nachfolgeregelungen mag als Beratungsteam z.B. dann, wenn die Bewertung feststeht oder bereits eine Einigung erzielt wurde, ein Steuerberater und z.B. der Notar, der dann die Verträge macht, ausreichen.

In der Regel ist jedoch ein ganzes „Beratergespann" tätig: Ein Spezialberater, der sich mit dem Thema Unternehmenskauf oder Nachfolgeregelung befaßt, manchmal auch M & A-Berater genannt, als Projektleiter für das Projekt Nachfolgeregelung und Verkauf, Steuerberater oder Wirtschaftsprüfer sowie Rechtsanwalt.

Gerade der Rechtsanwalt muß sehr sorgfältig ausgesucht sein, denn übermäßige Härten in den Verkaufsverhandlungen haben schon viele Kaufinteressenten abspringen lassen. Auch hier geht es darum, einen Anwalt herauszusuchen, der in Unternehmensverkauf- und Nachfolgefragen versiert ist und Erfahrungen hat und der z.B. aufgrund seiner Honorargestaltung und seiner Einstellung zur Arbeit eher ein Interesse daran hat, den Verkauf tatsächlich abzuschließen, als ihn zu verhindern. Dies ist für einen Juristen oft nicht ganz einfach, da er, wenn etwas schiefgeht oder übersehen wird bei einem Verkauf, persönlich in die Haftung kommen kann, bei einem verhinderten Verkauf jedoch praktisch nicht.

Als grobe Richtschnur kann man dergestalt kalkulieren, daß man, je nach Größe des Unternehmens und Kaufpreis, „normale Verhältnisse", das heißt rentables Unternehmen und mindestens siebenstelliger Kaufpreis vorausgesetzt, von Gesamtkosten für die Berater von drei bis sieben Prozent aus dem Verkaufspreis ausgehen sollte. Während Rechtsanwälte und Steuerberater nach ihren jeweiligen Gebührenordnungen abrechnen - manchmal werden jedoch auch Sondervereinbarungen getroffen - sind die Unternehmensberater bzw. M & A-Berater und Vermittler frei in ihrer Honorargestaltung. Wird nach Tagessätzen bezahlt, so kostet ein qualifizierter Berater in diesem Bereich, je nach Ausrichtung und Komplexität des Falles, ca. 1.000 bis 2.500 € am Tag; die Erfolgshonorare liegen ca. zwischen zwei und fünf Prozent aus dem Kaufpreis bzw. sogenanntem wirtschaftlichem Vertragswert zuzüglich Mehrwertsteuer. Die vorgenannten Honorare, das heißt das Zeithonorar und das Erfolgshonorar, werden auch manchmal miteinander verknüpft, was durchaus im Sinne des verkaufenden Unternehmers sein sollte. Hat ein Berater die Chance, durch den Verkauf ein interessantes Erfolgshonorar zu verdienen (zusätzlich), so wird er ggf. um so motivierter und engagierter die Interessen des Verkäufers vertreten.

2.8 Kann der mögliche Käufer den Kaufpreis für mein Unternehmen/meine Beteiligung überhaupt finanzieren?

Viele Unternehmer ziehen überhaupt nicht in Erwägung, an ihre eigenen Mitarbeiter z.B. im Rahmen eines Management-Buy-Out oder im Rahmen eines Management-Buy-In (vgl. Kapitel 2.3) zu verkaufen, denn sie können sich die Frage „Wie kann Herr oder Frau X den Kaufpreis bezahlen?" nicht beantworten. Die Möglichkeit, mit wenig Geld der betroffenen Interessenten zum Teil sehr große Finanzierungssummen darstellen zu können, wird fast immer unterschätzt.

Eine grobe Faustregel kann sein:

A) Finanziert der Käufer Gesamtvolumina bis 500.000 € mit öffentlichen Mitteln, so muß er, will er das Eigenkapitalhilfe – Programm (EKH) nutzen, mindestens 15% Eigenkapital mitbringen; bis zu Volumina von 1,5 Mio. € müssen es mindestens 75.000 € sein, ab dann mindestens 5%.

Wird kein Eigenkapitalhilfeprogramm in Anspruch genommen, so benötigt man, zumindest theoretisch, überhaupt kein Eigenkapital.

Die Möglichkeiten variieren je nach Eignung und Sicherheiten des Käufers, "Güte" des zu kaufenden Unternehmens, realistischem Kaufpreisansatz, aber auch nach Region des Investments und Optimierung der Finanzierung im Sinne niedriger Finanzierungsbelastung oder Sicherheitenstellung.

B) Unter Zuhilfenahme von Kapitalbeteiligungsgesellschaften, Privatinvestoren oder anderen kann es durchaus möglich sein, Kaufpreise zu finanzieren, die beim Fünfzig- oder Hundertfachen des Kapitals liegen, über das der MBI-Kandidat verfügt. Dabei wird dieser jedoch zwar Geschäftsführer werden und z.B. zehn Prozent der Anteile erwerben; die anderen Anteile werden jedoch von Investoren übernommen.

Beispiele, wie solche „Finanzierungsmechaniken" zustande kommen und wirken, finden sich in Kapitel 3.6.

2.9 Wie wird mit welchen Kaufinteressenten verhandelt?

In Kapitel 2.5 wurde erläutert, wie lange es dauern kann, bis ein Verkauf oder eine Nachfolgeregelung abgeschlossen ist. Dort wird ersichtlich, daß es meistens länger dauert als man denkt.

Eine der obersten Maximen für jeden Unternehmer, der verkaufen möchte, ist deshalb: Geduld, Geduld, Geduld, ...!

Gerade ältere Unternehmer sind es oft gewohnt, allein oder in Abstimmung mit nur wenigen Personen und in der Regel auch sehr schnell zu entscheiden. Fragen danach, ob sie ihren unternehmerischen Job gut oder schlecht wahrnehmen, werden oft schon lange nicht mehr gestellt.

Dies ändert sich spätestens, wenn der Kaufinteressent seine Unternehmensanalyse durchführt.

Man muß sich immer vor Augen halten, daß dieser Kaufinteressent viel Geld investieren soll und will, um Nachfolger zu werden. In der Regel haftet er zudem persönlich für das, was er finanziert.

Unter diesem Gesichtspunkt ist es leicht verständlich, daß sowohl der Interessent als auch die finanzierenden Banken und vielleicht Investoren wie Beteiligungsgesellschaften oder andere eingehende Analysen vornehmen bevor sie sich entscheiden und unter Umständen unbequeme Fragen stellen werden.

Insofern müssen manche Anforderungen verständlich sein wie z.B., daß der Interessent das Unternehmen auch einmal während der Arbeitszeit gesehen haben möchte, die letzten Bilanzen und betriebswirtschaftlichen Unterlagen auswerten möchte usw. Natürlich wird man nur nach Einholen einer Vertraulichkeitserklärung z.B. Kundennamen, Verkaufsstatistik u.ä. herausgeben. In der Regel wächst das Informationsbedürfnis in zwei oder drei Stufen, also dann, wenn „hoffentlich" das gegenseitige Vertrauen gewachsen ist.

Kritisch ist es immer, wenn man als Verkäufer nur eine Alternative hat, das heißt man will verkaufen und hat nur (noch) einen echten Kaufinteressenten. Findet dieser dies heraus, so könnte er dazu neigen, diese Position auszunutzen. Wehe dem, der sich zu spät zum Verkauf entschlossen hat und nun verkaufen muß, sei es aus gesundheitlichen Gründen, aus Alters- oder konjunkturellen Gründen.

Insbesondere wenn man als Veräußerer den Neuen, das heißt den Junior oder Nachfolger, noch über die Dauer eines Jahres einarbeitet, sollte man immer daran denken, daß das Verhandlungsklima so ist und bleibt, daß man tatsächlich später ein Jahr miteinander arbeiten kann und will. Deshalb werden unbequeme Themen oft auf die Berater abgewälzt, die es sich dann durchaus leisten können, „härter" zu verhandeln. Ein versierter Berater wird dem Unternehmer diese Überlegungen jedoch immer präsentieren und vor den Verhandlungen unter den Beteiligten absprechen. Gerade unter diesem Aspekt ist es wichtig, einen Berater zu haben, der die Projektleitung des Verkaufs innehat. Dieser Berater wird in der Regel psychologisch geschult sein und über umfangreiche Verhandlungserfahrung verfügen.

2.10 Wo liegen meine Risiken beim Verkauf?

Zunächst gilt der Grundsatz. An einem guten Juristen, der einen selber als Verkäufer oder Nachfolgeregelnder absichern will, darf nicht gespart werden.

Weiter gilt, daß alle nicht aufgedeckten bzw. dem Käufer bekannt gemachten Risiken und „Leichen" immer ein Risiko für den Veräußerer darstellen. Ein versierter Käufer wird sich z.B. im Kaufvertrag versichern lassen wollen, daß alle für die Führung des Unternehmens notwendigen Informationen übergeben wurden, daß die Maschinen, Anlagen, Einrichtungen usw. im derzeitigen Zustand über die erforderlichen Genehmigungen verfügen usw. Wer dann z.B. verschweigt, daß die Absauganlagen in seinem holzverarbeitenden Betrieb oder die Filteranlagen in der Lackierabteilung bereits beanstandet wurden und binnen einer bestimmten Frist nachzurüsten sind, legt den Grundstein für Ärger in der Zeit nach dem Verkauf. All diese Punkte gehören deshalb auf den Tisch. Es gab jedoch auch schon Fälle, in denen ausgewählte Einzelrisiken nicht auf den Tisch kamen und sie der Verkäufer nach dem Verkauf dem Käufer kundgetan hat mit einem Vorschlag, welcher Teil des Kaufpreises zurückzuzahlen sei, wohl wissend, daß allein deswegen der Verkauf nicht mehr rückabgewickelt werden wird.

Weiterhin sind typische Risiken die Geschäftsführernachhaftung, die bis zu fünf Jahren nach dem Ausscheiden für während der Geschäftsführerzeit begangene Sorgfaltspflichtverletzungen gilt. Auch ein nicht voll einbezahltes Stammkapital, das heißt ausstehende Einlagen oder eigenkapitalersetzende Darlehen oder eigenkapitalersetzende Nutzungsüberlassungen, durch die Vermögen, das zur Erhaltung des Stammkapitals erforderlich ist, an den Gesellschafter zurückfloß, sind nicht zu unterschätzende Risiken. Sichtbar wird: Ein guter Jurist ist unumgänglich.

Vorsicht ist auch bei sogenannten verzögerten Kaufpreiszahlungen geboten. Das einfachste ist grundsätzlich für den Veräußerer, daß der Kaufpreis vollständig am Tag des Verkaufs bezahlt wird - ohne Wenn und Aber. Ist eine ratenweise Bezahlung des Kaufpreises vereinbart, muß die Gesamtzahlung des Kaufpreises natürlich entsprechend abgesichert sein. Ein Käufer, der nach einem Jahr einen erheblichen wirtschaftlichen Einbruch und noch vier Jahresraten vor sich hat, kommt unter Umständen auf den Gedanken, nichts mehr oder nur noch einen Teil zu bezahlen.

Auch kann ein fair angesetzter Kaufpreis zur Riskominimierung beitragen. Ein Käufer der sich im nachhinein übervorteilt fühlt und einen objektiv, soweit sich dies objektiv überhaupt beurteilen läßt, zu hohen Kaufpreis bezahlt hat, wird eher auf Rückabwicklung, arglistige Täuschung usw. hin argumentieren als ein Käufer, der unter den damaligen Verhältnissen einen angemessenen Kaufpreis bezahlt hat und die Kaufpreisforderung vielleicht auch nachweislich auf einen rationalen Betrag herunterhandelte. Will man als Verkäufer das Risiko eines Fehlkaufs minimieren, so wird man deshalb auch darauf bedacht sein, den Käufer sorgfältig auszuwählen, wenn dieser das aktive Geschäft in eigener Person weiter betreibt. Ist er objektiv ungeeignet, so sollte man an ihn nicht verkaufen, weil er nach Feststellung seines Unvermögens unter Zuhilfenahme eines entsprechend aktiven Anwalts versuchen wird, wieder an sein Geld zu kommen.

Es versteht sich von selbst, daß jeder Verkäufer zum Zeitpunkt des Verkaufs seines Unternehmens in der Regel aus gegebenen Bürgschaften und ähnlichen Garantien entlassen werden sollte.

2.11 Welche steuerlichen Punkte sind zu beachten?

Verkauft man ein Einzelunternehmen oder eine Personengesellschaft, so hat der Verkäufer bis zu einem Veräußerungsgewinn von 5 Mio. € das Wahlrecht, diesen Betrag mit dem halben durchschnittlichen Steuersatz zu verstehen – allerdings muss dieser mindestens 19,9 % betragen und kann nur einmalig ab Vollendung des 55. Lebensjahres in Anspruch genommen werden -, oder er versteuert den Veräußerungsgewinn mit seinem persönlichen Steuersatz.
Weiterhin wird dem Verkäufer ein einmaliger Freibetrag ab Vollendung des 55. Lebensjahres von 55.000 € gewährt. Der Freibetrag ermäßigt sich um den Betrag, den der Veräußerungsgewinn 150.000 € übersteigt.

Werden Anteile von einer Kapitalgesellschaft an eine andere Kapitalgesellschaft veräußert, so ist dies steuerfrei.
Werden die zu veräußernden Anteile der Kapitalgesellschaft durch eine natürliche Person gehalten, so unterliegen diese Veräußerungsgewinne dem Halbeinkünfteverfahren, d.h. dass nur die Hälfte des Veräußerungsgewinnes versteuert werden muss.

2.12 Welche rechtlichen Punkte sind zu beachten?

In Kapitel 2.10 wurden bereits einige Risiken angesprochen, die es gilt, so gut als möglich, juristisch abzusichern.

In Kapitel 2.6 wurde ein typischer Ablauf beim Verkauf oder der Nachfolgeregelung in einem mittelständischen Unternehmen vorgestellt. Dort war von einer Absichtserklärung bzw. dem sogenannten letter of intent (LOI) und dem Kaufvertrag die Rede.

Bevor man einem Kaufinteressent vertrauliche Informationen überläßt, sollte man ihn grundsätzlich eine Geheimhaltungsverpflichtung unterschreiben lassen. In dieser verpflichtet er sich z.B., diese Informationen nur zum Zwecke einer eigenen Entscheidung über den Kauf des Unternehmens zu verwenden, sie nicht an Dritte weiterzugeben, nicht mit den Arbeitnehmern des Unternehmens in Kontakt zu treten usw. Manchmal wird für den Fall des Bruchs einer solchen Vertraulichkeitserklärung eine Vertragstrafe festgelegt, die in der Praxis jedoch meist nur abschreckende Wirkung haben kann. Ein Prozeß mit der Beweisführung, daß dem Unternehmen durch Indiskretionen materieller Schaden entstanden ist, wird nur schwer zu führen und zu gewinnen sein. Obwohl eine Vertraulichkeitserklärung keine absolute Sicherheit bringt, daß die Informationen auch tatsächlich vertraulich behandelt werden, ist sie dennoch grundsätzlich sinnvoll. Der Gesprächspartner wird sensibilisiert, und er weiß, daß zumindest theoretisch ein Schadenersatz auf ihn zukommen kann, sollte er die Informationen unberechtigt preisgeben.

Während die Tragweite von einem richtig oder fehlerhaft formulierten Kaufvertrag immer allen Seiten bewußt ist, ist dies beim LOI oft nicht der Fall. Ein LOI muß auch wirklich eine Absichtserklärung sein. Dies darf nicht nur als Überschrift darüberstehen. Es kam schon vor, daß versierte Käufer Absichtserklärungen in einer Form formuliert haben, die bzgl. des Unternehmenskaufs später eine bindende Wirkung hatte und zwar nicht nur in bezug auf Kostenteilung, Zeitplan, offene Fragen usw., sondern auch in bezug auf Kaufpreis mit entsprechender Zahlungsverpflichtung usw.

Oft wird überlegt, ob man einen sogenannten Vorvertrag schließen soll. In der Regel ist zumindest im mittelständischen Bereich davon abzuraten. Enthält der Vorvertrag die wichtigsten Grundzüge des Geschäfts und stellt man möglicherweise später fest, daß wesentliche Punkte vergessen wurden.

so kann der Vorvertrag zum Abschluß des „richtigen Kaufvertrages" verpflichten. Bedarf der Hauptvertrag bzw. wie vorbezeichnet „echte Kaufvertrag" der notariellen Beurkundung z. B. weil GmbH-Anteile oder ein Grundstück übertragen werden, so ist hier bereits auch die notarielle Form erforderlich, soll der Vertrag wirksam sein.

Sehr früh, das heißt vor dem Abfassen eines LOI, muß man sich, so banal dies klingen mag, Gedanken darüber gemacht haben, was denn nun verkauft werden soll. Während normalerweise beim Verkauf von GmbHs 100 % der Anteile oder ein kleinerer Anteil veräußert werden, hat man Einzelunternehmen sehr wohl die Möglichkeit, die Forderungen mit zu verkaufen oder sie zu behalten und selbst einzuziehen. Gleiches gilt für die Verbindlichkeiten, die entweder mitübertragen oder vom Veräußerer abgelöst werden können. Nach diesen verschiedenen Fällen unterscheidet man auch in den sogenannten Anteilskauf, neudeutsch „share deal" genannt, und den Vermögenskauf, „asset deal" genannt.

Die Frage, was verkauft wird, ist insbesondere für den Käufer von Interesse. Je nach Gestaltung hat er bessere oder schlechtere steuerliche Gestaltungsmöglichkeiten.

In der Phase fortgeschrittener Vertragsverhandlungen kommen Käufer oder deren Berater, je nachdem, wie groß und komplex das Unternehmen ist, das übernommen werden soll, mit einigen Forderungen bzgl. Gewährleistungen des Verkäufers. Hier soll er auch nach dem Verkauf noch für Umweltschäden, Risiken aus laufenden Prozessen haften. Inwieweit der Verkäufer Gewährleistungen gibt, ist immer eine Frage der eigenen Risikobereitschaft, der Alternativen, die man zu einem Kaufinteressenten hat etc.

2.13 Wie kann ich gewährleisten, daß mein Nachfolger mit meinem Unternehmen weiterhin Erfolg hat?

Mancher Unternehmer, der verkauft oder seine Nachfolge regeln möchte, hat ein eigenes starkes Bedürfnis, das Unternehmen weitgehend in der Form erhalten zu sehen, in der es sich jetzt befindet. Aber auch der Unternehmer, dem es „egal ist, was nach seinem Ausscheiden passiert", tut gut daran, mitzudenken und mitzugestalten, wenn es darum geht, die

Überleitung erfolgreich zu schaffen. Denn er minimiert die in Kapitel 2.10 beschriebenen Risiken beim Verkauf.

Der in aller Regel wichtigste Erfolgsfaktor für eine reibungslose Übernahme ist der geeignete Nachfolger. Seine fachliche, kaufmännische und soziale Kompetenz müssen so beschaffen sein, daß er bei angemessener Einarbeitung das Unternehmen tatsächlich unternehmerisch übernehmen kann. Aus diesem Grund wird sich der sorgfältige Unternehmer seinen Nachfolger im Vorfeld genau anschauen und versuchen zu beurteilen, ob er es „schaffen" wird. Das muß nicht heißen, daß man von einem guten Nachfolger erwarten sollte, daß er alles so tut wie man es selbst vorher gemacht hat. Er muß aber unternehmerisch in der Lage sein, das Unternehmen zu führen. Aus diesem Grund gibt es z.B. Kapitalbeteiligungsgesellschaften, die sich an einem Unternehmen mit einem Management-Buy-In-Kandidaten, das heißt einem Geschäftsführer, der sich mit einkauft, nur dann beteiligen, wenn dieser bereits nachweislich zwei bis drei Jahre erfolgreiche Geschäftsführertätigkeit hinter sich gebracht hat und darüber hinaus auch bereit ist, sich in angemessenem Umfang mit finanziellen Mitteln zu beteiligen. Nur allzu oft kommt es vor, daß Personen ein Unternehmen kaufen wollen, die dafür voraussichtlich nicht qualifiziert sein werden. So liegt dieser Verdacht bei folgenden Bewerbern nahe, die z.B. ein mittelständisches Unternehmen erwerben und führen wollen: Gruppenleiter und Abteilungsleiter aus Großunternehmen, Berater, die bisher fachlich beraten haben aber nie in vergleichbaren Unternehmen Geschäftsführer waren, Hochschulabsolventen auch fortgeschrittenen Alters, die bislang eine Hochschulkarriere hinter sich gebracht haben, jedoch noch keine im gewerblichen Bereich gesammelt haben.

Ein weiterer wichtiger Punkt ist die Gestaltung der Überleitungsphase. Ist diese zu kurz bemessen, so hat der Nachfolger nicht genug Zeit, sich einzuarbeiten. Dies ist genauso gefährlich wie eine zu lange Einarbeitung und Überleitung, in der sich Nachfolger und Abgebender unnötig aneinander reiben und mehr Unterschiede als Gemeinsamkeiten in ihrem Arbeits- und Führungsstil entdecken. Typische Überleitungsregelungen können wie folgt gestaltet sein:

Auf Anforderung des Nachfolgers steht der verkaufende Unternehmer z.B. für ein Jahr noch fulltime und für ein weiteres Jahr maximal halftime zur Verfügung. Je nach Personenzentriertheit des Geschäfts, also der Frage, wie stark z.B. Kundenbindungen zum abgebenden Unternehmer bestehen und wie versiert der Nachfolger ist, variieren diese Zeiten naturgemäß.

3 Fragen, die Sie sich als Nachfolger, Unternehmenskäufer oder Management-Buy-In-Kandidat stellen

Einige Ausführungen zu den nachfolgenden Themen finden sich aus der Sicht des Verkäufers in Kapitel 2. Bei aller Art von Geschäften ist es grundsätzlich hilfreich, darüber nachzudenken, wie die andere Seite denkt. So besonders im Bereich des Unternehmensverkaufs und der Nachfolgeregelung. Deshalb sollten sich Nachfolger und Management-Buy-In-Kandidaten auch mit den Fragen beschäftigen, die die Veräußerer angehen - vgl. Kapitel 2.

3.1 Wie finde ich das richtige Objekt bzw. das richtige Unternehmen?

Grundsätzlich gibt es zwei Möglichkeiten, an ein „passendes" Unternehmen zu gelangen:

a) Suche nach zum Verkauf stehenden Unternehmen bzgl. Unternehmen, die bereits an den Markt getreten sind. Damit sind Unternehmen gemeint, deren Unternehmer sich bereits zum Verkauf entschlossen und deshalb Industriemakler, Berater oder andere mit dem Verkauf beauftragt haben. Es gibt leider bis heute nicht „den Markt" für zum Verkauf stehende Unternehmen. Man wird nicht umhinkommen, sich aus verschiedenen Quellen Exposés zu beschaffen und dann zu schauen, ob das Passende dabei ist. So wird man möglicherweise z. B. verschiedene Unternehmensmakler, spezialisierte Unternehmensberatungen und Banken ansprechen, soweit diese sich mit dem Thema befassen.

- Insbesondere durch die Möglichkeiten des Internets ist es möglich, nach diesen Quellen online zu recherchieren. Hier einige ausgewählte Adressen:

- http://www.change-online.de: Hier sind Volltextrecherchen in der Existenzgründungs- und Nachfolgebörse möglich.

- http://www.unternehmensmarkt.de: Dieser Anbieter versteht sich als Börse für jegliche Unternehmensinformationen.

b) Suche von zum Verkauf stehenden Unternehmen, die noch nicht an den Markt getreten sind. Bei dieser Möglichkeit wird in aller Regel mit einem spezialisierten Berater das Suchprofil des Nachfolgers bestimmt. Wo soll das Unternehmen angesiedelt sein? Wieviel Umsatz, wieviel Mitarbeiter, welche Branche usw.? Nunmehr wird in geeigneten Datenbanken recherchiert, und es werden sämtliche Unternehmen, je nachdem, wie viele es sind, persönlich oder schriftlich nach ihren Verkaufsabsichten befragt. Dies ist zwar insgesamt mit einigen Kosten verbunden, führt jedoch zu einem soliden Marktüberblick innerhalb des gesuchten Bereichs. Zudem hat man die Chance, auf Unternehmen zu treffen, die bisher noch nicht an den Markt gegangen sind.

Doch Vorsicht: wenn man auch diesen Schritt rein theoretisch selbst tun kann, sollte dennoch überlegt werden, ob man nicht mit einem versierten Berater zusammenarbeitet. Die Erfahrung zeigt nämlich, daß MBI-Kandidaten, die sich direkt bei den Unternehmen mit einem Ansinnen des Kaufs oder der Beteiligung melden, von den Unternehmern oft als nicht geeignet, da wahrscheinlich nicht kapitalkräftig genug, eingeschätzt werden. Ist ein Berater dazwischen geschaltet, der zudem zunächst die Anonymität des Nachfolgesuchenden wahrt, so ist es meist kein Thema. Der Berater, der über entsprechende Finanzierungskenntnisse verfügt, wird den Spieß immer herumdrehen und dem Unternehmer sagen, daß die Finanzierung des Kaufpreises für sein Unternehmen kein Problem darstellt, sofern sein Unternehmen gut genug ist. Dies ist normalerweise tatsächlich so, vgl. Kapitel 2.8 und 3.6.

Darüber hinaus bestehen natürlich Möglichkeiten, durch Eigeninserate oder Auswertung von Insertionen zu suchen. Die Erfahrung zeigt jedoch, daß diesem Weg keine allzu großen Erfolgsaussichten beschieden sind.

3.2 Welche persönlichen Voraussetzungen muß ich mitbringen?

Wer ein Unternehmen übernimmt, wird die Übernahme in der Regel auch finanzieren müssen, es sei denn, er bekommt das Unternehmen geschenkt oder gar noch einen Scheck dazu, weil es ein absoluter Sanierungsfall ist. Eine Übernahme von solchen Fällen ist jedoch nur erfahrenen Sanierungsfachleuten zu raten unter - Ausschluß entsprechender Risiken soweit als möglich.

Geht man vom zuerst genannten Normalfall aus, das heißt von der Übernahme eines mehr oder minder rentablen Unternehmens, so wird man spätestens bei den ersten Finanzierungsanfragen oder -gesprächen nach seiner fachlichen, persönlichen und kaufmännischen Qualifikation gefragt. Diese muß in allen drei Bereichen ausreichend sein. Wird mit öffentlichen Mitteln finanziert, muß eine fachliche Stellungnahme eines anerkannten Beraters oder der Industrie- und Handelskammer erstellt werden, damit die Finanzierung überhaupt gewährt werden kann. Dort werden genau diese drei Qualifikationsmerkmale überprüft.

Natürlich sollte man sich selbst schon weit im Vorfeld die Frage stellen, ob man fachlich, kaufmännisch und persönlich qualifiziert ist. Die fachliche Qualifikation ist normalerweise vorhanden, denn man sucht meist in dem Bereich ein Unternehmen, wo entsprechende Berufserfahrungen vorliegen. Schwieriger wird es meist mit der kaufmännischen Qualifikation, gerade bei Meistern, Technikern oder Ingenieuren, die ein Unternehmen erwerben wollen aber noch nie ein Unternehmen kaufmännisch geführt haben. Entweder man plant in seinem beruflichen Werdegang einen Schritt ein, in der Regel den letzten Schritt vor der Übernahme eines Unternehmens, in dem man sich diese Qualifikation aneignet oder man hat diese Möglichkeit nicht und verschafft sich das erforderliche Wissen durch Seminare und andere Qualifikationsmaßnahmen. Theorie und Praxis sind jedoch auch hier nicht das Gleiche; ideal ist beides: eine solide theoretische Vorbereitung z.B. durch das Besuchen entsprechender Lehrgänge oder einer kaufmännischen Zusatzausbildung und die praktische Tätigkeit in der kaufmännischen Führung eines Unternehmens. Die persönliche oder soziale Kompetenz spricht die Fähigkeit an, Mitarbeiter zu führen und zu motivieren oder das, was man herstellt, auch verkaufen zu können. Erfolgreiche Unternehmer sind meist auch überzeugende Verkäufer, zumindest in dem sie betreffenden Umfeld.

Manche Beteiligungsgesellschaften, die mit Nachfolgesuchenden kooperieren und gemeinsam ein Unternehmen kaufen, erwarten von dem Management-Buy-In-Kandidaten zur Absicherung der o.g. Qualifikationen eine mindestens zwei bis dreijährige erfolgreiche Geschäftsführungstätigkeit in einem vergleichbaren oder ggf. auch kleineren Unternehmen. Dieser hohe Anspruch mag übertrieben scheinen, ist jedoch in der Regel ein besserer Garant dafür, daß es später klappt, als wenn hier allzu große Zugeständnisse gemacht werden. Natürlich geht es nicht nur mit gutem Willen und den den genannten Qualifikationsmerkmalen, sondern meistens muß Kapital mitgebracht werden. Anhaltspunkte dafür, wieviel Kapital mitgebracht werden muß, finden sich in Kapitel 3.6. Als erster Wert soll hier jedoch für Management-Buy-In-Interessenten für mittelständische Unternehmen ein Wert von mindestens circa 100 bis 150 T€ genannt sein. Ist ein Kaufinteressent nicht willens oder in der Lage, solche Beträge aufzubringen, obwohl er vielleicht seit 15 Jahren im Beruf steht, so wirft das bei Banken und ggf. auch Beteiligungsgesellschaften und anderen Investoren Fragen auf.

Ein kluger, strategisch vorgehender Unternehmenskaufinteressent wird deshalb ab dem Zeitpunkt, zu dem er sich entschließt, ein Unternehmen zu erwerben, systematisch seinen beruflichen Lebensweg so ausrichten, daß o.g. Voraussetzungen allesamt erfüllt sind.

3.3 Welche Berater benötige ich und was kostet das?

Als Management-Buy-In-Kandidat bzw. Nachfolger ist man, finanziell gesehen, in der Regel in einer wesentlich schwächeren Position als der Unternehmer, der sein Unternehmen verkaufen möchte. Letzter verdient oder verdiente genug, um sich entsprechende Berater leisten zu können. Schwieriger wird es für den Nachfolger, der die Berater aus seinem versteuerten Angestelltensalär finanzieren muß.

Der Autor selbst hat gute Erfahrungen damit gemacht, Nachfolgesuchenden nicht eine Komplettberatung, sondern eine Supervision bei geplanten Unternehmensübernahmen anzubieten, wenn die Beratungskosten eine Rolle spielen. Dies bedeutet, daß sämtliche Arbeiten und Aufgaben, soweit als möglich, nicht vom Berater, sondern vom Beratenen wahrgenommen werden, der Berater jedoch als Supervisor oder Coach jederzeit zur Verfügung steht und dann tätig wird, wenn es beiden notwendig erscheint. In Anbetracht der knappen Geldmittel wird er auch mit Bedacht den Steuerberater und den Rechtsanwalt hinzuziehen. Er wird soweit möglich und zulässig den Kauf so vorstrukturieren, daß die Strukturen von Anfang an in die richtige Richtung zeigen. Ein in Unternehmenskaufangelegenheiten versierter Berater wird jedoch in der Regel eine gute Investition sein. Durch optimierte Gestaltungen einschließlich einer guten Finanzierung sind leicht sechs- oder siebenstellige Beträge eingespart - das beweisen immer wieder Fälle aller Größenordnungen.

Das ideale Beraterteam, unabhängig von den anfallenden Kosten, wird in der Regel von einem auf Unternehmenskaufangelegenheiten oder Management-Buy-Out spezialisierten Berater geleitet und strukturiert. Er vermittelt die Gespräche zwischen den Beteiligten. Die steuerliche Gestaltung übernimmt der Steuerberater, die vertraglichen ein versierter Anwalt. Auch bei der Auswahl dieser Personen ist Sorgfalt geboten. So haben nur die wenigsten Anwälte wirklich umfangreiche Erfahrungen bei Unternehmenskäufen.

Was kostet diese Begleitung durch Berater?

Während die Rechtsanwälte und Steuerberater in der Regel nach ihren Gebührenordnungen abrechnen, sind die Honorare mit anderen Beratern frei vereinbar. Tagessätze von spezialisierten Beratern liegen zwischen 1.000 und 2.500 €. Ggf. wird an dieses Zeithonorar ein Erfolgshonorar gekoppelt. Es gibt durchaus Fälle, in denen auch große Management-Buy-Ins zu Beratungskosten von lediglich z.B. 10.000 € abgewickelt wurden. In diesem Fall hat ein M&A-Berater die Transaktion vorstrukturiert und die Management-Buy-In-Kandidaten verzichteten auf eine steuerliche Beratung und unterschrieben die Verträge, ohne diese durch einen Juristen prüfen zu lassen. Davon muß generell abgeraten werden. Durch eine steuerlich nicht optimale Gestaltung nach der Übernahme wurden Steuern fällig, in diesem Fall durch das ungewollte Eingehen einer Betriebs-aufspaltung, die später gelöst wurde. Dies tat den beiden MBI-Kandidaten später allerdings nicht mehr weh - sie hatten genug Geld verdient.

Grundsätzlich gilt in der Zusammenarbeit mit Beratern: Sich zeigen lassen, daß er über umfangreiche Erfahrungen genau in diesem Segment verfügt, solide Referenzen hat, vertrauenswürdig ist und auch persönlich zu einem selbst paßt. Dieses „miteinander Können" ist sehr wichtig, denn gerade bei hitzigen Verhandlungen, bei denen nicht alles immer so läuft wie beabsichtigt, müssen Nachfolger und Berater miteinander gut auskommen.

3.4 Ist die Übernahme risikoreich?

Ein Unternehmen ist ein dynamisches Gebilde, in dem Menschen zusammenarbeiten. Wer Geld ausgibt zum Kauf eines Unternehmens oder einer Beteiligung, wird sich deshalb immer überlegen, welche Risiken mit diesem Investment verbunden sind, das heißt inwieweit das eingesetzte Kapital sinnvoll ausgegeben ist und andererseits wo die eigenen persönlichen Risiken aus der Tätigkeit liegen.

Im Gegensatz zu einer anderen Alternative, nämlich dem Investieren des eigenen Geldes in Bundesschatzbriefe o.ä., besteht bei der Übernahme eines Unternehmens immer ein unternehmerisches Risiko. Dieses unternehmerische Risiko setzt sich aus einer Reihe von Einzelrisiken zusammen, die bei mittelständischen Unternehmen relativ gut greifbar sind. Typische Risiken sind:

- eine starke Abhängigkeit des Unternehmens vom bisherigen Unternehmer

- Markt und Marktstellung in Zukunft fraglich

- Produktpalette nicht zukunftsorientiert

- Abhängigkeit von einzelnen Kunden und/oder einzelnen Lieferanten

- unausgewogene Altersstruktur der Mitarbeiter, insbesondere der Know-how-Träger

- zu komplexe gesellschaftsrechtliche Konstruktionen

Gerade die Abhängigkeit von einzelnen Kunden ist ein häufig anzutreffendes unternehmerisches Risiko, das so hoch sein kann, daß man das Unternehmen lieber nicht kauft.

Man wird nicht umhinkommen, das Unternehmen durch eine Unternehmensanalyse, die unter anderem die oben genannten Punkte einschließt, zu überprüfen bzw. überprüfen zu lassen. Die Ergebnisse aus dieser Analyse führen zu einem nun viel besser greifbaren unternehmerischen Gesamtrisiko, das insbesondere in die Kaufpreisüberlegungen einzubeziehen ist: Je höher das unternehmerische Risiko, desto geringer der Kaufpreis.

Neben diesen typischen unternehmerischen Risiken gibt es juristische und steuerrechtliche Risiken, die in Kapitel 3.8 und 3.9 beschrieben sind. Weiterhin muß versucht werden, die Übernahme so reibungslos wie möglich zu erreichen, siehe Kapitel 3.10.

3.5 Was ist das Unternehmen/die Beteiligung wert?

Die Überlegungen, welchen Wert ein Unternehmen hat, sind für den Verkäufer und den Käufer gleich - natürlich aus unterschiedlichen Blickwinkeln. Insofern wird an dieser Stelle auf das Kapitel 2.1 verwiesen, in dem Überlegungen zum Kaufpreis gemacht wurden. Vor all diesen Bewertungsüberlegungen kann jedoch für den Nachfolger ein einfacher „Quick-Test" stehen: Kann mit den Gewinnen, die das Unternehmen abwirft bzw. abwerfen soll, der Kaufpreis für dieses Unternehmen in einer angemessenen Zeit, das heißt innerhalb von ca. vier bis zehn Jahren, erwirtschaftet werden? Erscheint es unmöglich, in angemessener Frist den bezahlten Kaufpreis wieder hereinzuholen, sollte man getrost Abstand nehmen. Dabei ist nicht zu vergessen, daß das Geschäftsführergehalt oder der Unternehmerlohn, den man sich in Zukunft, das heißt nach dem Kauf bezahlen wird, zumindest kalkulatorisch nicht dazu dienen darf, den finanzierten Kaufpreis abzubezahlen. Dazu sind die Gewinne da, die das Unternehmen machen soll. Diese vorgenannten Amortisationszeiten von vier bis zehn Jahren sind lediglich als Anhaltspunkte zu sehen. Sie können im Einzelfall kürzer, sollten jedoch kaum länger sein. Denn wer weiß, was in zehn Jahren ist? Ein Kaufpreis, der so hoch ist, daß man mindestens zehn Jahre das verdienen muß, was man heute plant, ist wahrscheinlich zu hoch angesetzt. Man kauft nicht ein fest verzinsliches Wertpapier mit gesicherter Rendite, sondern ein Unternehmen mit unternehmerischem Risiko, bei dem Geld verdienen und Geld verlieren sehr dicht beieinander liegen.

3.6 Wie finanziere ich den Unternehmens-/Beteiligungskauf?

Viele Nachfolger sind der Auffassung, daß sie mit ihren meist begrenzten Geldmitteln kaum ein Unternehmen kaufen können. Nachfolgende Beispiele sollen das Gegenteil beweisen. Bevor Sie sich die nachfolgenden Beispiele anschauen, sollten Sie das Kapitel 2.8 lesen, in dem einige grundsätzliche Überlegungen zur Finanzierbarkeit von Unternehmensübernahmen gemacht worden sind.

Doch nun zu den verschiedenen Fällen:

Fall I: Erwerb eines kleinen Unternehmens beliebiger Branche zu einem Kaufpreis von 200 T€ im Rahmen eines Vermögenskaufs (vgl. Kapitel 2.12).

Die Finanzierung könnte wie folgt vorgenommen werden:

Eigenkapital des Übernehmers 30 T€
Eigenkapitalhilfe 50 T€
ERP-Programm 100 T€
Landesprogramm oder Beschäftigungsprogramm 20 T€
Gesamtsumme 200 T€

Fall II: Erwerb der Aktiven und Passiven einer GmbH & Co. KG zum Kaufpreis von 4,0 Mio. €, Ertragswert beträgt 4,0 Mio. €, Annuitäten aus Cash-flow finanzierbar, Substanzwert zu Buchwerten 1,75 Mio. €, Substanzwert zu Zeitwerten 3,25 Mio. €.

Finanzierung:

Eigenkapital MBI-Kandidat 0,6 Mio. €
Eigenkapitalhilfe 0,5 Mio. €
ERP-Programm 0,5 Mio. €
Existenzgründungprogramm der Deutschen Ausgleichsbank 2,0 Mio. €
KfW 0,4 Mio. €
Gesamtsumme 4,0 Mio. €

Fall III: Management-Buy-In; zwei bisherige Fremdgeschäftsführer führen einen MBI durch. Sie haben jeweils Eigenmittel in Höhe von 125 T€, der Kaufpreis für das zu erwerbende Unternehmen, das in der Unternehmensform der GmbH & Co. KG betrieben wird, beträgt 7,5 Mio. €. Die GmbH & Co. KG wird durch eine zu diesem Zweck gegründete GmbH zu einem Kaufpreis von 7,5 Mio. € übernommen.

Finanzierung:

2 MBI-Kandidaten je 0,125 Mio. € = 0,25 Mio. €
Investorengruppe 1,0 Mio. €
ergibt Stammkapital Kauf-GmbH 1,25 Mio. €
Gesellschafterdarlehen stille Beteiligung 2,25 Mio. €
Bankdarlehen 4,0 Mio. €
Finanzierungssumme 7,5 Mio. €

Vorstehende Beispiele zeigen, daß man mit begrenztem Geldmitteleinsatz große Beträge finanzieren kann, entsprechende Finanzierungskonzepte vorausgesetzt. Während allerdings die Käufer in Fall I und Fall II die Unternehmen zu 100 % erworben haben, sind die beiden MBI-Kandidaten in Fall III nur mit je 10 % am Unternehmen beteiligt. Dennoch kann der Fall III, der für die MBI-Kandidaten interessanteste Fall auch in finanzieller Hinsicht sein, denn sie haben sich mit ihrer Finanzierung lediglich am Stammkapital beteiligt, nicht jedoch an dem Rest der Finanzierung wie Gesellschafterdarlehen oder stillen Beteiligungen.

3.7 Welche psychologischen Aspekte sind bei den Verhandlungen zu beachten?

In der Regel verkaufen Verkäufer ihr Unternehmen in ihrem Leben nur einmal. Dessen sollte man sich als Kaufinteressent immer bewußt sein. Wer sein Lebenswerk verkauft, hat damit zum einen bisher keine Erfahrungen, zum anderen spielen auch bei sonst eher emotionslos agierenden Unternehmern beim eigenen Unternehmen Emotionen eine gewaltige Rolle.

Es lohnt sich also, etwas sensibler und behutsamer vorzugehen, als beim Kauf irgendeines Gegenstandes. Dies bedeutet, daß man nicht bereits beim ersten Kennenlernen sämtliche intimen Daten des Unternehmens und Unternehmers fordert, sondern dies vielleicht besser in zwei oder drei Abschnitten tut, so wie das Vertrauen wächst und man sich kennenlernt.

Irgendwann wird man unbequeme Fragen stellen müssen oder zumindest Fragen, die einem selbst nicht kritisch erscheinen, die ein älterer Unternehmer jedoch als Angriff auf seine unternehmerische Leistung empfindet. Während ein Nachfolger die Frage „Warum etwas so und nicht anders gemacht wurde?" fachlich neutral sehen mag, faßt sie mancher Unternehmer als Kritik auf. Dies dazu noch von jemand, der viel jünger ist und seiner Meinung nach nicht über die erforderliche unternehmerische Erfahrung verfügt. Auch in diesem Zusammenhang ist es sinnvoll, sich die Arbeit mit einem oder mehreren Beratern zu teilen. Den unangenehmen Part sollte man eher den Berater durchführen lassen. Denn während sich die Berater später oft nicht mehr sehen, hat es der Nachfolger meist noch über längere Zeit mit dem zu tun, der verkauft hat, nämlich in der Überleitungs- und Einarbeitungsphase. Wenn da die Atmosphäre vorher zu stark beeinträchtigt wurde, kommt es entweder schon gar nicht zur Übernahme oder zum Gefühl der ein oder anderen Seite, noch irgend etwas „herausholen" zu müssen, evt. auch nach dem Kauf. Oft kann es sich lohnen, sich in Geduld zu üben und damit an einem interessanten Fall dranzubleiben, den ein anderer vielleicht schon abgehakt hat oder hätte. Unternehmern, die ihr Lebenswerk verkaufen wollen wird gerade erst oft im fortgeschrittenen Verhandlungsstadium bewußt, daß sie bald nicht mehr Unternehmer oder Geschäftsführer sind. Das fällt ihnen schwer und läßt sie manchmal zögern. Ist dieses Zögern überwunden, so geht es dann möglicherweise anschließend wieder weiter. Es hat sogar bereits Fälle gegeben, in denen zunächst verkaufswillige Unternehmer dem Erwerber abgesagt haben, dann aber nach einigen Tagen oder Wochen ihre Meinung revidierten, die Verhandlungen wieder aufgenommen haben und genau an diese Person verkauft haben. Eine weitere immer wiederkehrende Erfahrung ist, daß Käufer, die das erste Mal ein Unternehmen kaufen, „zu sehr interessiert sind", wenn sie das Gefühl haben, jetzt endlich genau das gefunden zu haben, was sie schon seit langem suchen. Man läßt sich auf zu hohe Kaufpreise ein und Vertragsbedingungen, die man nicht akzeptieren darf. Versierte Verkäufer oder deren Berater, die ein vermeintlich gutes Unternehmern verkaufen, machen manchmal erheblichen Druck unter Zuhilfenahme echter oder vermeintlicher Interessenten, mit denen parallel verhandelt wird. Ob echt oder nur gespielt: Unter Druck sollte man nie ein Unternehmen kaufen und sich dabei auf Bedingungen einlassen, bei denen man nicht sicher ist, daß man sie auch erfüllen kann. Dieser Punkt hat auch immer wieder zum Vertrauensbruch zwischen Beratern und Kaufinteressenten geführt, nämlich dann, wenn der Käufer unbedingt kaufen will zu Bedingungen, von denen der Berater dringend abrät.

3.8 Welche rechtlichen und steuerlichen Punkte muß ich beachten?

In Kapitel 2.12 wurden dazu einige Ausführungen gemacht, die für Veräußerer und auch Managment-Buy-In-Kandidaten oder Nachfolger gelten.

Ist das Geld knapp, so wird man in der Regel bzgl. des Entwurfs der ersten Vertragsvorschläge dem Verkäufer den Vortritt lassen. Dies hat allerdings den Nachteil, daß man die andere Seite von diesen Vorstellungen herunterhandeln muß. Man sollte also die rechtliche und auch steuerliche Gestaltung so gut als möglich vorbesprochen und vielleicht in einem letter of intent vorskizziert haben.

Über die in Kapitel 2.12 genannten Punkte hinaus gibt es für den Nachfolger einige zusätzliche beachtenswerte Problemstellungen. Zum einen wird man vom Verkäufer möglichst viele Garantien und Zusicherungen haben wollen. Fachanwälte haben hier mehrseitige Vorlagen, die diese Garantien beinhalten. Insbesondere ist wichtig, daß man von einem Verkäufer nicht mit dem Unternehmenskauf dessen gesamtes Vermögen übernimmt. Denn wer das gesamte Vermögen einer Person übernimmt, haftet auch für dessen Schulden (vgl. § 419 BGB). Darüber hinaus haftet man als Käufer, sofern man z.B. ein Einzelunternehmen erwirbt auch für die Steuerschulden, die seit Beginn des letzten Jahres vor dem Abschluß des Kaufvertrags entstanden sind. Man wird sich also zusichern lassen, daß keine rückständigen Schulden für Betriebssteuern oder Steuerabzugsbeträge bestehen und den Veräußerer ggf. dafür haften lassen, sollte die Zusicherung sich als unwahr herausstellen.

Kauft man kein Unternehmen mit Rechtsträger wie z.B. eine GmbH, sondern lediglich einen Betrieb, so tritt man dennoch als Erwerber in die

Rechte und Pflichten der bestehenden Arbeitsverhältnisse ein (vgl. § 613 a BGB). Kündigungen von Arbeitsverhältnissen durch den bisherigen Arbeitgeber oder durch den neuen Inhaber wegen des Übergangs des Betriebs sind unwirksam gemäß Absatz vier der vorgenannten Vorschrift.

Bzgl. der steuerlichen Gestaltungsmöglichkeiten gilt, daß für den Käufer eines Unternehmens ein Unternehmen in der Form des Einzelunternehmens oder einer Personengesellschaft in der Regel die günstigere Ausgangsbasis darstellt. Denn es können die Wirtschaftsgüter einzeln abgeschrieben werden, genauso wie ein eventuell bezahlter Firmenwert. Insofern finanziert sich der Kaufpreis zum Teil aus ersparten Steuern.

Kauft man dagegen Anteile an einer GmbH, so hat man überhaupt keine steuerlichen Möglichkeiten. Der Kaufpreis wird aus bereits versteuertem Geld aufgebracht und kann nicht abgeschrieben werden, es sei denn, man hat eine wesentliche Beteiligung erworben, die dann wegen Totalverlust abgeschrieben werden kann.

3.9 Wie stelle ich sicher, daß die Übernahme möglichst reibungslos klappt?

Je nachdem, wieviel Vorerfahrungen man als Nachfolger hat, ist man auf eine Einarbeitung durch den Übergeber von entsprechender Dauer angewiesen. Um zu vermeiden, daß es zu Reibereien zwischen Abgebendem und Nachfolger während der Überleitung kommt, sollte es im Ermessen des Nachfolgers stehen, ob man den Abgebenden bzw. Senior benötigt oder nicht. Das heißt, es sollte eine Vereinbarung getroffen werden z.B. innerhalb eines Beratungsvertrages, daß der Senior auf Anforderung des Nachfolgers für z.B. ein Jahr fulltime, danach ebenfalls lediglich auf Anforderung parttime mit z.B. genau definiertem Stundenbudget zur Verfügung steht und sich insbesondere bereithält, an Aktivitäten wie Reisen oder Besuchen teilzunehmen, die dazu dienen, die persönlichen Kontakte zu den Kunden auf den Nachfolger überzuleiten.

In der Regel tut es nicht gut, wenn Nachfolger und Abgebender parallel, dazu womöglich noch im gleichen Arbeitsbereich, die Geschäfte führen, auch nicht, wenn diese Nachfolge in der Familie geregelt wird.

Oft ist es für den Nachfolger hilfreich, ein Curriculum bzw. einen „Lehrplan" zu erstellen, nachdem er, je nach seinen Vorerfahrungen, sich in bestimmte Bereiche im Unternehmen einarbeitet. Dies ist um so wichtiger, wenn der Nachfolger bisher kein Brancheninsider ist und ihm die fachlichen Kenntnisse fehlen. In diesem Fall sollte durchaus in Erwägung gezogen werden, ob der Nachfolger einige Tage oder Wochen in den einzelnen Abteilungen oder Bereichen verbringt, dort die Mitarbeiter, die Technik usw. kennenlernt und sich erst nach dieser Zeit in die Geschäftsführung einarbeitet.

4 Literaturverzeichnis

Sattler, Andreas,
Make your deal of a lifetime: Management-Buy-In/Management-Buy-Out, 12 Fachzeitschriftenbeiträge in Fortsetzung, erschienen in Beteiligungsbrief 10/93 bis 10/94, VWI-Verlag, Bonn

Lutje, Nikolaus; Dünnbier, Steffen,
Kauf und Verkauf eines Gewerbebetriebes, Beck'sche Musterverträge Band 28, München: Verlag C. H. Beck

Risse, Winfried,
Die Unternehmernachfolge, Renningen: expert verlag

Piltz, Detlev J.,
Die Unternehmensbewertung in der Rechtsprechung, Düsseldorf: IDW-Verlag,

Mandl, Gerhard; Rabel, Klaus,
Unternehmensbewertung, Wien: Ueberreuter

Born, Karl,
Unternehmensanalyse und Unternehmensbewertung, Stuttgart: Schäffer-Poeschel Verlag

Zum Autor

Privates

1957 in Schwenningen geboren, verheiratet, 4 Kinder.
Nach Abitur erfolgte Werkzeugmacherlehre, Studium zum Wirtschaftsingenieur und Diplom-Betriebspädagogen.

Heute Tätigkeit als Vorstand der Sattler & Partner AG, Schorndorf.

Berufliche Aktivitäten

1982	Tätigkeit bei der MSE-Unternehmensberatungsgesellschaft, Stuttgart
1983	Angestellter Berater beim Regierungsbeauftragten für Technologietransfer, Prof. Dr. Johann Löhn, Stuttgart. Gründung der Sattler & Partner GmbH, Unternehmensberatung, Schorndorf
seit 1984	Dozent bei der Technischen Akademie Esslingen, Haus der Technik e.V. in Essen, TÜV-Akademie Köln, VDI Baden-Württemberg, VDI-Bildungswerk Düsseldorf, Verwaltungs- und Wirtschaftsakademie Baden-Württemberg, Industrie- - und Handelskammer
1987	Juror im Wirtschaftsmagazin CAPITAL
1988	Fernsehsendung im RTL-Wirtschaftsmagazin mit Interview zum Thema „Unternehmensübernahme"
1989	Moderator und Initiator des 1. Baden-Württembergischen Enterprise-Forums, Stuttgart, Leiter des Arbeitskreises Existenzgründungen der Wirtschaftsjunioren Stuttgart
1990	Mitglied des Landesvorstandes der Wirtschaftsjunioren Baden-Württemberg, Gründung und Leitung der überregionalen Arbeitsgruppe Mergers & Acquisitions, Joint-ventures & Kooperation

seit 1992	Handelsrichter am Landgericht Stuttgart
1995	„Telefonexperte" zum Thema „Nachfolgeregelung durch Management-Buy-Out/Management-Buy-In" im Handelsblatt, Düsseldorf
1998	Vorstand der Sattler & Partner AG
2000	Börsengang

Arbeitsschwerpunkte

Beratung beim Kauf und Verkauf von Unternehmen und Beteiligungen, von der Bewertung bis zum Vertragsabschluß; dabei kann es sich um Nachfolgeregelungen, Management-Buy-Outs, Management-Buy-Ins, Spin-Offs oder andere Formen handeln.

Sonstiges

seit 1983	15 Buchveröffentlichungen und über 70 Zeitschriftenveröffentlichungen

Printed by Libri Plureos GmbH
in Hamburg, Germany